10. Auflage 2013
© der deutschen Ausgabe:
Aquamarin Verlag
Voglherd 1 • D-85567 Grafing

Titel der amerikanischen Originalausgabe:
Who can help me sleep?
© Bluestar Communications, Woodside, California

© der Illustrationen: Wivica
Gesamtgestaltung: Annette Wagner

gedruckt in Leipzig
ISBN 978-3-89427-165-7

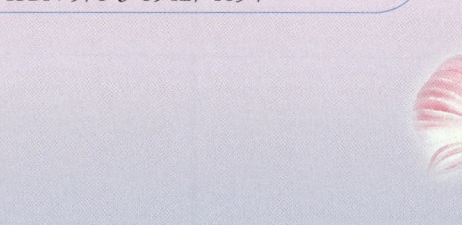

SABRINA FOX

Der klitzekleine

Engel

mit Illustrationen von
WIVICA

Hast du gewusst, dass jedes Mal zum Vollmond etwas ganz Wundervolles geschieht? Alle Engel, von überall her, treffen sich auf einer Bergspitze und feiern ein herrliches Fest. Zuerst unterhalten sie sich und anschließend tanzen und singen sie.

Engel kommen in allen Farben und Formen. Manchmal kann man gar nicht erkennen, ob es sich um einen weiblichen oder einen männlichen Engel handelt. Das liegt daran, dass Engel etwas von beiden haben. Manche sind riesengroß und haben Regenbogenflügel. Manche tragen ganz helle weiße Kleider. Manche riechen wie Blumen und bei anderen kann man hindurchschauen. Wieder andere sind ganz warm und kuschelig. Es gibt welche, die kichern und lachen und wieder andere, die sanft und still durch die Nacht gleiten.

Kannst du dir vorstellen, worüber sich Engel unterhalten? Natürlich über uns! Sie erzählen sich gegenseitig von den Erlebnissen, die sie mit den Menschen haben, um die sie sich kümmern. Manchmal wundern sie sich, warum wir nicht mehr Fragen stellen; und manchmal wundern sie sich, warum wir nicht auf sie hören. Das Tollste jedoch ist: Obwohl die Engel sich an jedem Vollmond treffen, lassen sie uns trotzdem nie allein – denn Engel können gleichzeitig an verschiedenen Plätzen sein. Wie auch wir. Wenn wir uns zum Schlafen hinlegen, dann bleibt der Körper im Bett liegen, während ein Teil von uns ins Traumland geht und erstaunliche Abenteuer erlebt.

Vor einiger Zeit, es war wieder einmal Vollmond, fand eines jener Treffen statt. Nachdem sich alle Engel begrüßt hatten, setzten sie sich alle hin und formten einen großen Kreis. Denn jeder Engel möchte gerne erzählen, was er denn so alles erlebt hat. Jeder Engel betreut irgendjemanden. Das kann eine Schwester oder ein Bruder sein. Eine Mama oder ein Papa. Eine Oma oder ein Opa. Eine Tante oder ein Onkel. Es gibt sogar ganz viele Engel, die für die Tiere und die Pflanzen da sind. Jeder Engel ist für irgendjemanden da.

Oh, nein. Das stimmt nicht ganz. Da gibt es einen Engel, der noch niemanden hat. Es ist ein klitzekleiner Engel, der da in der Mitte des großen Kreises mit all den vielen Engeln sitzt. Er ist der kleinste Engel, der je gesehen wurde. Er ist so klein, dass selbst die Engel ihn fast gar nicht sehen können. Er ist so klein wie die kleinste Spitze einer Schneeflocke oder wie der kleinste Teil von einem Zuckerstück oder wie ein Hauch von Zimt. Der klitzekleine Engel riecht sogar ein bisschen danach. Aber der klitzekleine Engel ist sehr traurig. Ihm ist langweilig. Er hat nämlich nichts zu tun.

Der klitzekleine Engel hat niemanden, für den er da sein kann. „Ich will auch für jemanden sorgen. Das ist nicht gerecht!", ruft er den anderen zu. „Warum kann ich nicht auch jemanden haben?"

Die anderen Engel schauten mit viel Mitgefühl auf den klitzekleinen Engel. Engel verstehen nämlich alles, und natürlich konnten sie auch das Problem verstehen. „Willst du mein kleiner Helfer sein?" bietet einer der großen Schutzengel an. Aber der klitzekleine Engel schüttelt den Kopf – was man gar nicht sehen kann, weil er ja so klein ist – aber die Engel können das fühlen, weil sie alles fühlen können. „Nein, ich will nicht nur ein kleiner Helfer sein. Ich will ein großer Helfer sein!" Der klitzekleine Engel wirbelt so schnell im Kreis herum, dass viele Regenbogenfunken sprühen. Dann fliegt der klitzekleine Engel davon.

Mutter Mond schaut auf den klitzekleinen Engel herab, wie er da in traurigen Wellen durch die Luft fliegt. Die Spitzen seiner Flügel hängen schlapp nach unten. Um ihn zu trösten, schickt Mutter Mond ihm einen ihrer ganz speziellen Strahlen. Der klitzekleine Engel fühlt sich ein bisschen besser. Aber er bedarf immer noch der Hilfe, und Engel bekommen ihre Hilfe – genau wie wir – von Gott.

Der Mondstrahl führt den klitzekleinen Engel zu einem Kirschbaum voller schöner rosa Kirschblüten, die herrlich süß duften und sich ganz sanft anfühlen.
Der klitzekleine Engel landet auf einem Zweig. Er kuschelt sich in eine Kirschblüte, wickelt seine Flügel als Decke um sich herum und schließt seine winzigen Augen. Er atmet tiiiiief ein und denkt an Gott.

„Lieber Gott", so fragt er, „wie kann ich denn jemanden bekommen, für den ich sorgen darf?" Dann ist er ganz still ..., still..., sehr still, und Gott schickt ihm einen Gedanken: „Du hast eine ganz besondere Aufgabe, mein wundervoller klitzekleiner Engel."

Der klitzekleine Engel fühlt sich ganz tief innen drin sehr wohl, als er diesen Gedanken geschickt bekommt, und natürlich ist er jetzt sehr neugierig. „Was ist denn meine ganz besondere Aufgabe?", will er wissen.

„Suche danach, und du wirst sie finden", hört er in seinem winzigen Köpfchen. Er fühlt die Liebe Gottes und freut sich. „Wenn du mir sagst, dass ich jemanden finden kann, dann weiß ich, dass es in Erfüllung gehen wird." In Gedanken gibt der klitzekleine Engel Gott einen großen Kuss und macht seine Augen wieder auf.

„Ich muss dringend los", ruft er seinem Freund, dem Mondstrahl, zu. „Ich werde jetzt meine Aufgabe finden!" Die Zeit der Nacht ist fast vorbei, und Mutter Mond ruft den Mondstrahl zurück. „Danke, Mutter Mond, danke Mondstrahl, bis heute Abend!" Der klitzekleine Engel winkt glücklich mit seinen Flügeln zu Mutter Mond hinauf.

Der klitzekleine Engel streckt seine Flügel aus und schießt wie eine Spirale in die Luft. „Hallo, wunderschöner Tag, ich komme!", singt er und fliegt davon. Und da geht auch schon Vater Sonne auf und lächelt über die ganze Sonnenseite.

Zuerst fliegt der klitzekleine Engel zum Osten, wo alles beginnt, dort findet er ein großes Meer. Er schaut auf die Fische und Delphine und passt auf, ob er ein Zeichen sieht oder einen Gedanken bekommt, der etwas mit seiner neuen Aufgabe zu tun hat. Aber er bemerkt nur, dass alle viel zu groß für ihn sind.

Also fliegt er nach Süden, wo alles weitergeht. Dort findet er einen großen Wald mit Bären und Rehen und passt auf, ob er dort etwas bemerkt. Aber er sieht nur, dass alle viel zu groß sind.

Dann fliegt er nach Westen, wo alles aufhört und sich verändert. Er findet eine Wüste und sieht Kamele und Elefanten. Aber er sieht kein Zeichen und bemerkt nur, dass alle viel zu groß für ihn sind!

Er hofft nun sehr, dass er im Norden etwas findet, wo sich alles ausruht für einen neuen Anfang. Er fliegt auf einen Berg, um sich die Adler und Wölfe besser anschauen zu können, und passt auf, ob er ein Zeichen bemerkt, doch alle sind viel zu groß.

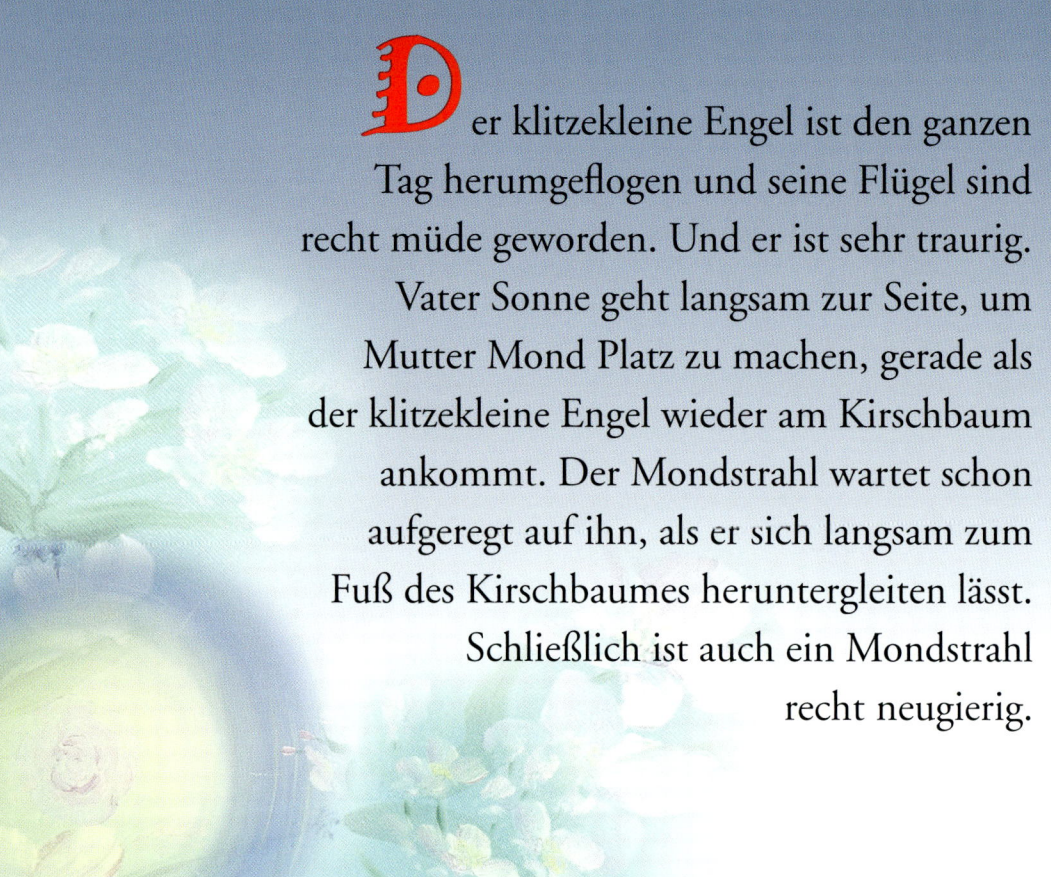

Der klitzekleine Engel ist den ganzen Tag herumgeflogen und seine Flügel sind recht müde geworden. Und er ist sehr traurig. Vater Sonne geht langsam zur Seite, um Mutter Mond Platz zu machen, gerade als der klitzekleine Engel wieder am Kirschbaum ankommt. Der Mondstrahl wartet schon aufgeregt auf ihn, als er sich langsam zum Fuß des Kirschbaumes heruntergleiten lässt. Schließlich ist auch ein Mondstrahl recht neugierig.

„Was habe ich bloß falsch gemacht?", schluchzt der klitzekleine Engel enttäuscht und zuckt mit den Flügeln. „Gott hat mir doch gesagt, dass ich meine Aufgabe finden werde", erzählt er dem Mondstrahl. „Warum habe ich sie denn noch nicht gefunden?" Der Mondstrahl streichelt den klitzekleinen Engel ganz sanft, um ihn zu trösten.

Wieder versucht der klitzekleine Engel, seine Gedanken zu beruhigen, um herauszufinden, was Gott zu sagen hat. Er hört dabei ganz einfach seinem Atem zu, denn das beruhigt ihn immer ganz enorm. Einatmen. Ausatmen. Mchiiiiiii. Mchaaaaaa. Mchiiiiiii. Mchaaaaaa. Beides macht immer ein ganz interessantes Geräusch. Jetzt fühlt er sich wieder wohler und ruhiger und will gerade Gott in Gedanken fragen, da hört er ein Geräusch. Jemand weint!

Der klitzekleine Engel öffnet seine Augen und blickt sich suchend um. Jemand weint. Aber wo? Hinter dem Kirschbaum steht ein kleines Haus mit einer leuchtend roten Tür, das von einem alten Gartenzaun umgeben ist. Ein Fenster steht offen und Bruder Wind trägt das Geräusch eines weinenden Kindes zu dem klitzekleinen Engel. Der klitzekleine Engel fliegt schnell um den Baum herum, näher zum Haus hin, und schon landet er mit einem leichten Windstoß in einem Kinderzimmer.

Ein kleines Mädchen liegt zusammengerollt im Bett und weint. Es weint so laut, dass die Ohren des klitzekleinen Engels zu klingeln anfangen. Über das kleine Mädchen hat sich ihr großer Schutzengel gebeugt. Er versucht, es zu trösten, aber das kleine Mädchen scheint ihn nicht zu hören.

„Ja, was ist denn hier los? Warum hilfst du ihr denn nicht?", fragt der klitzekleine Engel den großen Schutzengel. Der Schutzengel zuckt traurig mit den Flügeln. „Ich hab's versucht", antwortet er, „sie hat Angst, alleine in diesem Zimmer zu schlafen, und ich versuchte ihr zu sagen, dass ich immer bei ihr bin. Aber sie weint so laut, dass sie mich nicht hören kann. Sie denkt immer nur ihre ganz traurigen Gedanken."

„So ein Mist", sagt der klitzekleine Engel. Er war schon viel mit Kindern zusammen und weiß, was sie in solch einer Situation sagen würden. Der klitzekleine Engel fliegt näher zu dem Mädchen hin und schaut es an. „Hm", sagt er. In seinen Gedanken sucht er nach einer Idee. Und da hört er plötzlich Gott sagen: „Schau dir das Mädchen genau an. Es gibt etwas, was nur du tun kannst."
Der klitzekleine Engel ist ganz aufgeregt. „Was? Was ist es?" Doch Gott ist still geworden. Der klitzekleine Engel weiß auch warum. Gott will ja schließlich, dass er es selber herausfindet.
So starrt der klitzekleine Engel das kleine Mädchen an, das noch immer vom Weinen geschüttelt wird. Tränenströme rinnen aus seinen Augen, und sogar die Nase läuft ein bisschen. Da denkt der klitzekleine Engel:

„Wenn sie nur zu weinen aufhören würde, dann könnte ich mit ihr reden." Und dann schaut er auf die Ohren des Mädchens – und ...hat eine Idee!

Schnell dreht er sich zum großen Schutzengel um und sagt stolz: „Ich kann dir helfen. Aber nur, weil ich sehr, sehr winzig bin, und nur allerkleinste Engel können hier helfen."

Er rückt seine Flügel zurecht und fliegt – schwupps – direkt in das linke Ohr des kleinen Mädchens. Der klitzekleine Engel merkt gleich, dass er hier recht aufpassen muss, denn in dem Ohr des kleinen Mädchens gibt es enge Kurven, und so fliegt der klitzekleine Engel ganz vorsichtig, um nirgendwo anzustoßen. Ganz am Ende des Ohrtunnels gibt es eine kleine Stufe, die fast wie eine Bank aussieht. Der klitzekleine Engel setzt sich hin und fängt zu reden an: „Kannst du mich hören? Ich bin's, dein Engel!"

Das kleine Mädchen will gerade tief einatmen, um weiterzuweinen, als es mittendrin innehält. „Spricht da jemand mit mir?", fragt es in Gedanken. Engel können natürlich Gedanken genauso gut wie Worte hören. Und so antwortet der klitzekleine Engel: „Mach' dir keine Sorgen, kleines Mädchen, du bist nie allein.

Deine Engel sind immer bei dir. Du kannst uns nur meistens nicht sehen."

Das Mädchen denkt, es träumt. Es setzt sich im Bett auf und öffnet seine Augen. Niemand ist in seinem Zimmer. Es schaut sich um und bekommt ein wenig Angst. Es will gleich weiterweinen und macht die Augen wieder zu. Denn schließlich kann niemand mit offenen Augen so richtig losheulen. Aber der klitzekleine Engel redet auf sie ein. „Hallo, kleines Mädchen. Ich bin's, dein Engel. Fang bloß nicht wieder zu weinen an. Ich will doch mit dir reden."

„Nein, ich habe nicht geträumt", denkt das kleine Mädchen, „ich kann meinen Engel in meinem Kopf hören."

„Wir sind immer bei dir", sagt der klitzekleine Engel, „schön, dass du im Moment nicht weinst, so dass wir uns ein bisschen unterhalten können."

𝓙etzt ist das kleine Mädchen neugierig geworden und hört aufmerksam zu. Und so erzählt ihm der klitzekleine Engel: „Wenn etwas in deiner Welt passiert, hörst du oft zwei Stimmen in deinem Kopf. Eine ist laut und macht dir Angst, und wenn du auf diese Stimme hörst, dann fühlst du dich einsam und traurig und gar nicht gut. Doch dann ist da noch eine zarte, leise Stimme. Sie kommt von uns - und wenn du uns zuhörst, dann fühlst du dich wohl und sicher und merkst, wie sehr du geliebt wirst. Du kannst dich also entscheiden! Würdest du lieber auf die laute Stimme hören, die Angst macht, oder auf die leise, die dir Freude bringt?"

Das kleine Mädchen weiß genau, was es will: „Ich möchte auf die leise Stimme hören, die mir Freude bringt. Aber", fragt das kleine Mädchen den klitzekleinen Engel „die andere Stimme ist so laut. Wie kann ich die denn loswerden?"

„Genauso wie bei einem Fernsehprogramm, das dir Angst macht. Du schaltest einfach um", antwortet der klitzekleine Engel. „In deinen Gedanken bedeutet das, an etwas Wundervolles zu denkst."

Nun lauscht das kleine Mädchen nur noch dem klitzekleinen Engel und nicht mehr der Angststimme. „Es ist ganz einfach", sagt der klitzekleine Engel. „Jedesmal, wenn du Angst bekommst, rufst du nach uns und denkst an uns und daran, wie sehr wir dich lieben."

Das kleine Mädchen kuschelt sich wieder in sein Bett und fragt dann: „Aber ich weiß ja gar nicht, wie sehr du mich lieb hast?"

Der klitzekleine Engel schlägt vor: „Frage doch einfach, wie sehr wir dich lieben, und dann schicken wir dir unsere Liebe."

Das kleine Mädchen liegt ganz still in scinem Bett und fragt: „Mein kleiner Engel, liebst du mich?" Bald fühlt es sich ganz warm und wohl. Sie fühlt sich so wohl, als ob sie ein Geschenkpaket aufmacht und dann darin das findet, was sie sich wirklich wünschte ... wie ein Eis an einem sehr heißen Tag ... wie wenn die Eltern etwas Albernes tun und sie vor lauter Lachen Tränen in den Augen hat ... wie die kleine Katze der Nachbarin, die sich an ihr Bein ankuschelt ... wie wenn ihr Papa oder ihre Mama sie den ganzen Tag herumträgt ... so gut fühlen sich die Engel an.

    Der klitzekleine Engel erklärt dem kleinen Mädchen: „Vergiss nicht, dass wir immer, immer bei dir sind. Du brauchst nur nach uns zu fragen, und dann kannst du uns fühlen."

    „Danke, danke", denkt sich das kleine Mädchen. „Das ist viel besser, als wenn ich auf die laute Stimme höre, die mir immer Angst macht." Das kleine Mädchen hat plötzlich eine wundervolle Idee. „Bitte, mein Engel, kann ich dich auch sehen? Das würde mir bestimmt noch mehr helfen."

Der klitzekleine Engel lacht. „Engel kann man am leichtesten fühlen. Aber manchmal kann man sie auch sehen. Da gibt es eine Möglichkeit."
„Welche, welche?", fragt aufgeregt das kleine Mädchen.
„Wann immer du kleine Lichtpunkte siehst, dann weißt du, dass das Engel sind. Oftmals siehst du uns am leichtesten am frühen Morgen und nachts, wenn du im Bett liegst. Und wenn du uns deine Liebe schickst, dann fühlen auch wir uns geliebt und fühlen uns leichter und leichter. Genau wie du, wenn du liebst. Mit deiner Liebe wird dann dieser Lichtpunkt wachsen - und dann kannst du uns sehen. Übe das eine Weile, und dann wird es geschehen."

Das kleine Mädchen fühlt sich so viel wohler und murmelt noch ein „Danke, lieber Engel" vor sich hin, als es sich noch tiefer in die Bettdecke kuschelt. Und als der Mondstrahl zum Fenster hineinschaut, ist es schon fest eingeschlafen.
Der klitzekleine Engel fliegt aus dem Ohr des Mädchens und hält vor dem großen Schutzengel an. „Du bist wunderbar", ruft der große Schutzengel begeistert aus.

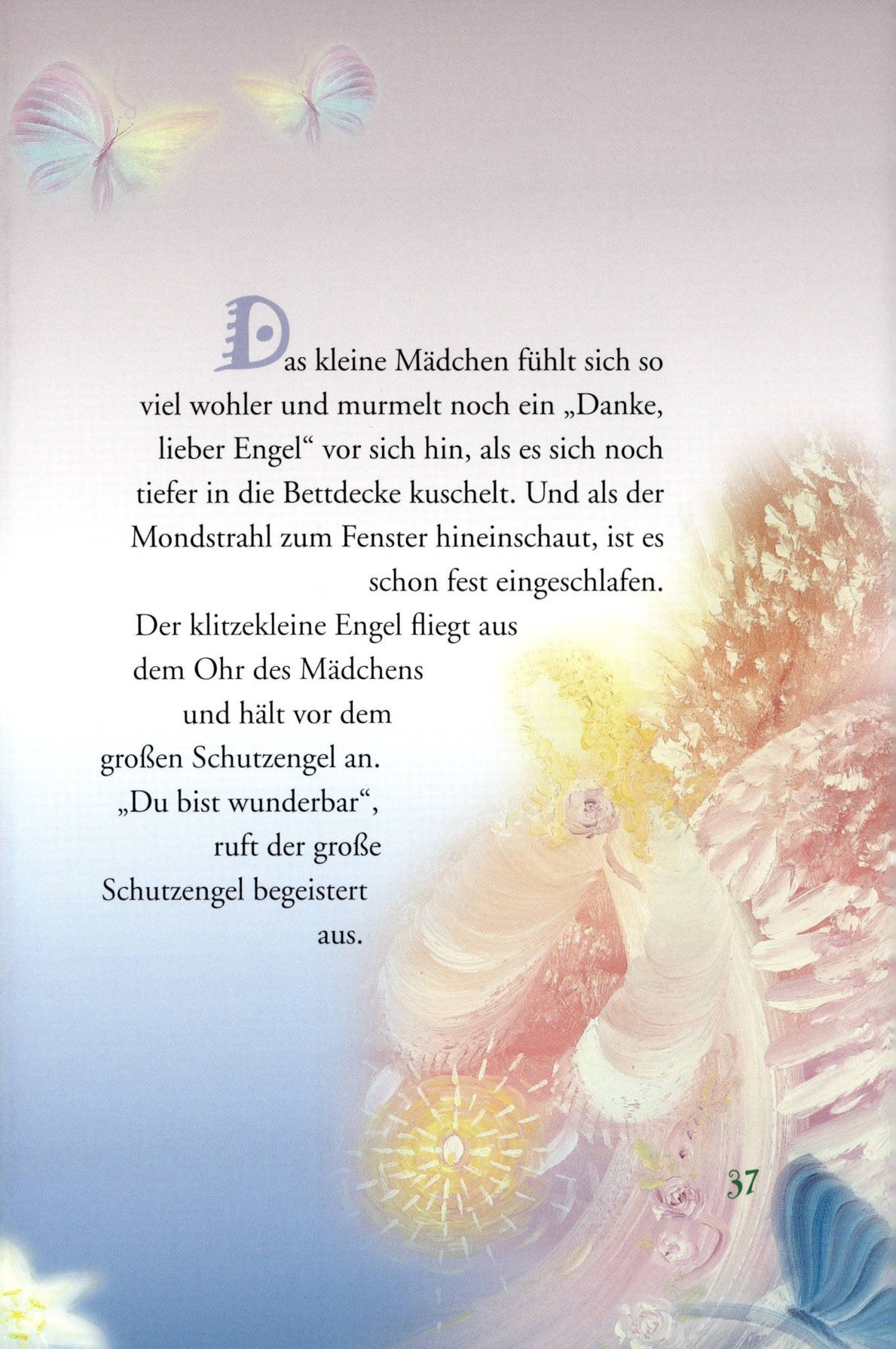

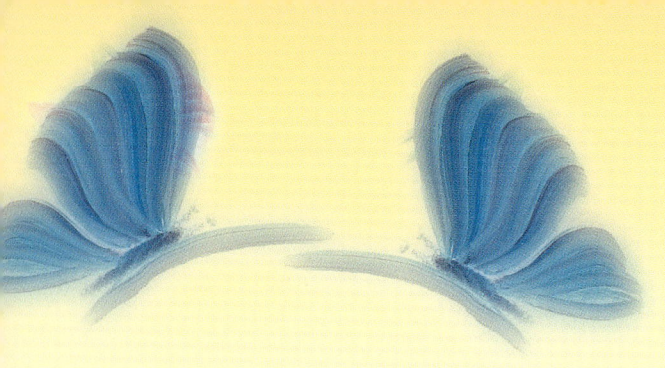

Der klitzekleine Engel ist jetzt sehr glücklich. Er funkelt in allen Regenbogenfarben, und seine Flügel klingen wie stolze Glöckchen. „Ich habe die richtige Aufgabe für mich gefunden. Ich werde für alle Kinder sorgen, die nachts traurig sind, und ihnen von ihrem Schutzengel, der immer für sie da ist, erzählen", sagt er glücklich. Er umarmt den großen Schutzengel ganz fest. Na ja, so fest es eben ging für einen sehr, sehr winzigen Engel. Aber du weißt ja, dass es keine Rolle spielt, wie groß der Körper ist. Es zählt nur, wie groß die Liebe ist, die sich darin befindet. Und unser klitzekleiner Engel weiß das ganz genau…

Gute Nacht ... und wenn du ganz still hältst, dann merkst du, wie dich dein Engel kurz vor dem Einschlafen ganz zart küsst.